LE HAVRE ET CHERBOURG

COMPARÉS

DANS LEUR UTILITÉ NATIONALE.

L'AGRANDISSEMENT

DU PORT, DE LA VILLE

ET DES

FORTIFICATIONS DU HAVRE.

SOMMAIRE.

Compte rendu de la pétition signée par plus de seize cents contribuables du Havre, qui ont protesté devant les chambres contre tous travaux du projet de 1838, émané de la commission spéciale révoquée en 1840. — Vingt-trois millions des deniers publics gaspillés à des travaux contraires à l'intérêt du pays. — Catastrophes qui peuvent compromettre plus de cent soixante-dix-sept millions de richesses. — Causes qui s'opposent à l'accomplissement de travaux utiles dont le but serait de doter le Havre d'un bon système de défense et d'un bon port pour accroître son commerce et sa navigation, et, par suite, de produire annuellement au delà de cent millions de richesses augmentant la prospérité publique. — Moyens d'économiser plus de quarante millions des deniers de l'état sur les travaux publics demandés par le gouvernement tant pour le port de Cherbourg que pour celui du Havre, en obtenant encore incomparablement plus pour la défense de la nation, pour le développement de la marine militaire, et pour la prospérité de tous les grands intérêts nationaux de l'agriculture, de l'industrie, de la navigation et du commerce.

1841.

AGRANDISSEMENT
DU PORT, DE LA VILLE
ET DES
FORTIFICATIONS DU HAVRE.

Le gouvernement vient de demander aux chambres une somme de 5,070,000 francs pour commencer des fortifications qui doivent protéger la nouvelle ville, étendue vers l'Eure, ainsi que le propose le projet de 1838, posé par la commission spéciale (1). L'accomplissement de ce projet, contre lequel tous les bons citoyens ont cru devoir protester, serait une calamité, non seulement pour la ville du Havre, mais encore pour la navigation, l'industrie et le commerce de toute la France. Je crois utile de rappeler les démarches qui ont été faites contre le projet de la commission spéciale, et pour faire valoir les propositions des habitants tendant à diriger l'agrandissement de la ville et du port vers un but véritablement utile à la navigation, au commerce et à l'industrie, et par suite à la dignité de la France.

1º En mai 1838, un livre a été ouvert pour recueillir les observations qui pourraient être faites contre le projet de la commission spéciale ; plus de 300 personnes y ont apposé leurs raisons particulières.

2º Lorsque les délais de l'enquête expiraient, 1,500 contribuables ont protesté par une pétition, en juin 1838, en s'adressant en recours au roi.

(1) Cette commission, nommée en 1836, était composée de MM. le baron Mounier, pair de France ; le baron Tupinier, membre du conseil d'amirauté ; Bérigny, inspecteur général des ponts-et-chaussées ; le baron Hamelin, contre-amiral ; Deponthon et Dollée, maréchaux de camp du génie militaire ; Rostan, sous-directeur de l'administration des douanes ; Sorel, chef de bureau du génie militaire, secrétaire de la commission.

3º Après la commission d'enquête en 1838, le conseil municipal et la chambre de commerce ont également, vers cette époque, protesté à de grandes majorités contre le projet (mais, par erreur ou par crainte, ces mêmes autorités, sous l'influence sans doute des spéculateurs de terrain dans l'Eure, ont redemandé une partie du projet qu'elles avaient rejeté).

4º Ensuite, plus de 1,600 contribuables ont encore protesté, par leurs pétitions datées du 3 juin 1839 (signées doubles), adressées en recours à la chambre des pairs et à la chambre des députés, contre tous travaux ayant pour but de commencer l'exécution de ce fatal projet de 1838.

5º Cette pétition de 1839 a été remise par moi-même à son adresse les 18 et 20 juin, et les suppléments de signatures adhérentes à ces pétitions ont été pareillement remis les 5 et 19 juillet suivant. MM. les députés peuvent trouver dans les archives de la chambre cette pétition inscrite dans la deuxième session de 1839 sous le nº 366, *laquelle n'a pas été rapportée*. MM. les pairs trouveront aussi dans leurs archives cette pétition inscrite dans la deuxième session de 1839, sous le nº 145 ; là, cette pétition a été présentée à la tribune le 24 juillet même année, pour être renvoyée immédiatement à la *commission des ports*. Un exemplaire de ces pétitions a été aussi distribué à chacun de MM. les pairs et de MM. les députés, en même temps que mon écrit intitulé *Réponse.....* daté de Paris, le 19 juillet 1839 ; écrit que j'ai cru de mon devoir de publier alors, pour combattre les erreurs et les mensonges que l'intrigue soutenait (1), et qui faisaient, devant les chambres, ob-

____

(1) Je prie les personnes qui prendront la peine de s'occuper du *Port du Havre* de lire cet écrit, et surtout le folio 8 ; ils y verront dévoilés les mensonges, les faux et les calomnies, dirigés contre les pétitionnaires de 1839. Qui a fait ces turpitudes, afin de surpendre la conscience de MM. les députés ?

stacle au succès de ces pétitions de 1839 , lesquelles ral-
lient toutes les demandes consciencieuses des autorités
locales et des habitants du Havre. Il est donc très avan-
tageux pour l'intérêt public qu'on se hâte de réclamer
près des deux chambres l'examen attentif de ces pétitions, afin que les chambres trouvent des motifs.
1° pour retenir l'allocation de 5,070,000 francs actuelle-
lement demandée afin de commencer les fortifications
voulues par le projet de 1838, né de la commission spéciale révoquée en 1840 ; 2° pour que cette même allocation, ainsi que partie de l'allocation encore non dé-
pensée de 6 millions votée par la loi des ports d'août
1839, soient principalement réservées pour les travaux
du port ou du chemin de fer demandés par le projet des
1,600 pétitionnaires de 1839.

6° Cette réclamation urgente à faire près des chambres
et des ministres du roi paraît d'autant plus utile et con-
venable, que cette pétition de 1839 arriva trop tardi-
vement vers l'époque de la fin de la session de 1839, et
qu'elle ne fut pas suffisamment examinée. De cette manière, la chambre des députés vota, le 3 août, 6 millions (1). Je suis allé, en temps utile, chez M. Mermil-
liod, député du Havre, avec cette pétition de 1839, en le
priant de vouloir bien l'appuyer à la chambre : il ne me
promit rien ; mais, bien au contraire, il demanda des
travaux appartenant au projet de la commission spéciale
de 1838 ; et, pour appuyer plus fortement sa demande ,
il a été jusqu'à déclarer à la chambre que les travaux
demandés avaient subi une enquête favorable (2). Or la vé-

---

(1) Cependant l'intègre député de Vire, M. Délongrais, combattit très ho-
norablement le projet, tandis qu'un fort nombre de députés ne voulaient rien
entendre.

(2) Voilà déjà plus de deux ans que l'on voit le député du Havre errer sur

rité est qu'il n'y a eu qu'une seule enquête sur l'ensemble du projet de la commission spéciale de 1838 , et que cette enquête a été unanimement repoussée , comme je l'ai déjà expliqué pag. 3 et 4. D'ailleurs le projet de 1838 indiquait en second ordre, et comme derniers travaux à exécuter, la transformation du canal en bassin. N'est-ce pas chose aussi très surprenante de voir que les derniers travaux du projet soient devenus les premiers?...

7° Le projet de la commission spéciale de 1838 , reconnu utile uniquement pour les spéculations des terrains dans l'Eure, n'est voulu que par le député du Havre et par les administrations des travaux publics et du génie militaire ; et chacun se demande quels en sont les motifs. Est-ce par insouciance ou ignorance des besoins de la navigation, du commerce, de l'industrie, de l'agriculture et de l'économie politique?... ou est-ce par suite des influences des grandes spéculations de terrains dans l'Eure, à l'est de la ville, organisées en sociétés formidables au capital d'environ 11 millions divisés en actions dont les propriétaires, très nombreux et très puissants, sont partout et invisibles tant au Havre qu'à Paris, afin d'opiner plus avantageusement au profit de leurs intérêts particuliers?.... Le gouvernement, pour obtenir le projet de 1838 de la commission révoquée, a fait placer dans la deuxième commission de neuf personnes, nommée en 1840, trois membres ayant ap-

la question de l'extension du port du Havre, et sur celle du chemin de fer du Havre à Paris, qu'il demandait par les plateaux. Nul doute que le député-avocat a erré faute de connaissances spéciales pour juger ces questions, qui appartiennent à l'organisation de la navigation, de l'industrie, du commerce, et encore à l'agriculture. C'est pourtant le grand nombre de pareils députés , manquant de spécialité pour l'organisation du travail de la société, qui est aussi une des causes qui laissent faire en France tant de mauvais travaux. (Voyez les chapitres 3, 4 et 5 de mon Mémoire inédit.)

partenu à la première commission, et dont l'opinion était assurée au projet de 1838 ; de plus, il a aussi choisi deux ingénieurs, M. Legrand, directeur des travaux publics, et M. Mallet, ingénieur en chef du département, dont les opinions étaient également bien dévouées au projet de 1838, puisque c'est durant le faible ministère provisoire de 1839 que ces deux ingénieurs supérieurs ont fait préparer le projet de loi sur les ports, demandant aux chambres 6 millions pour le Havre (1), afin de faire des travaux commençant le projet de la commission de 1838. Or la nomination, en 1840, de cette deuxième commission de neuf membres, paraît bien être un simulacre de justice, car elle donnait une majorité certaine de cinq personnes en faveur du projet de 1838, unanimement repoussé au Havre, comme il est déjà expliqué aux folios 3 et 4 ; projet contre lequel les pétitionnaires de 1839 ont protesté à nouveau, en exposant leur projet, lequel est de la plus haute importance pour tous les intérêts nationaux. M. Dufaure, ministre des travaux publics, accueillit très bien le projet des pétitionnaires de 1839, et il voulut bien me promettre, à différentes fois, lorsque je lui en remis le plan avec un mémoire développant son utilité, qu'il serait examiné très soigneusement ; je sais aussi qu'il devait lui-même présider la commission. M. Jaubert, ministre des travaux publics, auquel j'ai, le 12 septembre, communiqué le même plan avec un mémoire développant le projet et ses avantages, laissait aussi un espoir très favorable. Il faut donc croire que ces ministres n'ont pas eu le temps nécessaire de faire le bien qu'ils voulaient faire, et que, par suite des renouvellements trop fré-

---

(1) M. Dufaure, ministre des travaux publics, a présenté ce projet de loi sur les ports deux jours après son arrivée au ministère.

quents des ministères, les administrations tombent dans l'anarchie, et elles peuvent, par les voies indirectes, devenir gaspilleuses, oppressives, despotiques.

8° Actuellement, il faut encore espérer que les patriotiques réclamations des pétitionnaires du Havre de 1839 seront prises en considération par MM. les ministres de la marine, de la guerre, du commerce, des travaux publics et des finances, ainsi que par la chambre des pairs et par la chambre des députés, afin que leur projet d'extension du port et de la ville du Havre soit examiné consciencieusement. Car on peut démontrer positivement que ce projet peut, dans l'avenir, sans nuire en rien aux autres ports français, fournir annuellement, par l'accroissement en France de la navigation, du commerce de transit et des exportations de divers produits industriels et agricoles, beaucoup plus de richesses qu'il n'en faudrait pour exécuter tous les travaux. Et encore tous ces travaux auraient la plus grande utilité pendant la guerre (1). Au contraire, le projet anti-commercial et anti-national de 1838, né d'une commission révoquée, en reportant l'extension du port et de la ville sur les terrains de l'Eure, vers la Basse-Seine, serait tout aussi coûteux, et ne produirait aucuns avantages réels ni au commerce ni à la guerre. Les travaux qu'il or-

(1) Voir les chapitres 11 et 14 de mon Mémoire inédit, et dont le manuscri est déposé à la bibliothèque de la chambre des députés, et sera relevé au be soin pour être déposé à la bibliothèque de la chambre des pairs.

Ce mémoire, encore bien incomplet, est très incorrect et peu présentable; pourtant, j'espère qu'on m'excusera en faveur du motif qui me fait le présenter dès actuellement, afin de servir patriotiquement mon pays.

A ce mémoire sont joints trois plans du Havre :

Le premier, d'après le plan de 1787 ;

Le second, suivant le projet de 1838, de la commission révoquée ;

Le troisième, présenté par V. Dégenétais, et dessiné sur la carte marine de M. Beautemps-Beaupré.

donne seraient non seulement inutiles en absorbant des richesses perdues sans retour, mais encore le pays courrait le risque de grandes catastrophes que peuvent lui attirer et les fortifications et la seconde entrée de port. Cette seconde entrée étant bifurquée avec l'entrée actuelle, ou étant pratiquée dans la Basse-Seine, vers le lieu dit les *Neiges*, on peut démontrer que certainement, d'ici à peu d'années, les alluvions fermeraient ces entrées. (Voir, relativement à tous ces objets de la plus haute importance, les chapitres 7, 8, 9 et 10, de mon Mémoire inédit.)

Observations sur les fortifications pour le Havre.

Si le port du Havre obtenait les travaux du projet présenté par les pétitionnaires de 1839, avec un chemin de fer allant directement à Rouen et Paris, et se reliant ensuite avec celui de Bâle à Strasbourg, qu'il vivifierait, nul doute que vingt années après il y aurait une population au Havre de plus de 130,000 âmes. C'est donc pour ces motifs, joints aux besoins de la navigation et du commerce, qu'il serait de la plus haute importance, pour la paix comme pour la guerre, d'avoir en mer, sur les écueils appelés *les Hauts de la rade* et *le Banc de l'Éclat*, deux digues avec un ou deux forts; un troisième fort serait aussi très utile sur le banc des Neiges ou sur celui d'Anfar pour fermer à l'ennemi toutes les eaux profondes de la Basse-Seine. Ainsi ces forts, surtout avec quelques canons à la Paixhans, défendraient très bien : 1° la marine sur les eaux profondes de la grande rade, toute la petite rade, ainsi que toutes les eaux profondes de la Basse-Seine; 2° les deux entrées de port et les deux villes; 3° les plages depuis la falaise escarpée de la Hêve jusqu'au delà des Neiges, et conséquemment toute la contrée.

Mais, si le gouvernement voulait encore y ajouter une petite fortification continue, elle devrait enceindre les deux villes en une seule ville, en y comprenant la côte d'Ingouville et partie de la côte de Graville, d'où jaillissent des sources abondantes. Et encore, l'achat des terrains nécessaires à ces fortifications serait bien moins cher que partout où le projet de la commission spéciale de 1838 porte les fortifications.

De cette manière, les habitants se trouveraient réunis, et, avec la protection de deux ou trois forts en mer, les villes et le port ne se trouveraient point bombardés par mer. Les habitants seuls, ayant aussi quelques batteries sur le rivage de la mer, avec ou sans une petite fortification continue, suffiraient pour repousser l'ennemi et attendre des secours. Voilà donc quelles sont les fortifications nationales qui sont énergiquement réclamées par les habitants du Havre, qui, volontairement, veulent bien s'imposer une contribution pour aider le gouvernement afin de construire des forts en mer.

De plus, ces digues transformeraient la petite rade en un port abrité de tous vents, ayant de 20 à 33 pieds d'eau de basse mer dans une grande étendue, et même de 26 à 33 pieds dans une moindre étendue de mouillage, où les plus grands navires seraient aussi abrités de tous mauvais vents, et sous la protection de forts. Ainsi cette rade ou port aurait la plus haute importance en temps de paix comme dans les temps de guerre (1).

____

(1) Pour utiliser cette rade au profit des vaisseaux de ligne, il ne faudrait que de faibles dépenses pour faire une coupure aux hauts fonds qui la séparent de la grande rade; alors les plus grands vaisseaux y arriveraient de basse mer. (Voyez la carte de M. Beautemps-Beaupré.)

Comme le disent les gens de mer :

1° Cette rade serait un refuge dans les tempêtes, non seulement pour les navires allant au Havre ou en sortant, mais encore pour tous les navires qui se trouvent assaillis par des coups de vents dans nos parages ; tandis que, dans l'état actuel, il faut que ces navires résistent à la tempête ou qu'ils périssent sur des côtes hérissées d'écueils ; et si les navires peuvent gagner un port anglais, ils y font des frais considérables, car les pilotes anglais peuvent demander un salaire arbitraire.

2° Cette rade serait encore utile aux navires, soit qu'ils ne pussent atteindre le port par suite d'avaries, ou par le manque d'eau dans l'avant-port ; soit pour attendre le moment propice de la marée montante, afin de remonter la Seine ; soit durant les vents de nord et de l'est qui les empêchent de se rendre dans les ports de la Manche, cette rade leur permettant d'y attendre le vent et l'heure de la marée propices pour leur destination ; soit pour leur servir de lazaret, établissement très utile au port : car le génie des ponts et chaussées a dépensé, de 1825 à 1829, environ 800,000 francs pour construire dans les sables de la Basse-Seine, au Hoc, un lazaret dont il ne reste plus que quelques ruines.

Motifs qui font repousser comme antinational le projet de fortifications de la commission spéciale de 1838.

1° Les fortifications sur l'Eure, à l'est du Havre, allongeraient la ville de l'ouest à l'est de près de 4 kilomètres (une lieue) ; l'étendue des fortifications nécessiterait une garnison trop nombreuse ; et cette forme de ville allongée, de quatre fois sa largeur, grèverait le commerce de frais et de faux frais sur les marchandises au double de ce qu'ils sont en raison que les distances en seraient allongées. Le pire, c'est que l'extension du port en ces endroits sur la Basse-Seine ferait courir les risques, tôt ou tard, que les travaux ne se trouvassent perdus (voyez le chapitre 7 de mon Mémoire inédit); tandis qu'il y a possibilité d'obtenir plus facilement une deuxième entrée de port, profonde de plus de 15 pieds d'eau, vers le nord-ouest de la ville, sur le rivage de la mer. (Voyez le chapitre 11.)

2° Ces fortifications, en longeant le pied du coteau, feraient croître la ville extérieure plus vite que la ville fortifiée. Il en résulterait, pour le cas de guerre, que nous ne serions point du tout dans la situation de la dernière guerre, car il n'y avait alors qu'une population d'environ 3,500 habitants peu aisés aux alentours de la ville. Aujourd'hui la population est généralement riche à l'extérieur de la ville fortifiée, et, dès à présent, son nombre est d'environ 21,000 habitants ; bientôt cette population extérieure dépassera celle de la ville fortifiée, qui est d'environ 27,000 âmes, d'après le recensement de 1836.

3° Les conséquences de ces fortifications deviendraient terribles pour les habitants de la part d'un général ennemi intelligent et courageux : car, après |qu'il aurait reconnu que les populations, dans la ville fortifiée et dans la ville extérieure, sont à peu près égales, et que dès lors leurs forces se divisent et se neutralisent à son profit, s'il avait des forces suffisantes pour bloquer le port et pour mettre à terre une petite armée, il tenterait un coup de fortune et d'éclat..... il ferait son débarquement au point qu'il pourrait choisir sur plus de trois lieues de côtes accessibles depuis Sainte-Adresse jusqu'à Harfleur ; de suite il couperait les conduites de fontaines

alimentant la ville fortifiée ; il se logerait sur les hau-
teurs de la ville extérieure, où il établirait promptement
des batteries distantes de 6 à 800 m. de la ville fortifiée,
et à 100 m. au dessus d'elle, d'où il pourrait la brûler
et la ravager très facilement. En outre il commanderait,
avec quelques pièces de canon, la route jusqu'à Har-
fleur. Ainsi, il empêcherait tous secours d'arriver par
terre à la ville assiégée !..... Les terres étant mouillées,
il serait très difficile de tourner la position de l'ennemi
s'il coupait les petites routes ou s'il les défendait..... Hé-
las ! après quelques jours de siége, les populations du
Havre et des environs seraient, malgré leur dévoûment,
exposées à toutes les horreurs de la guerre. Que diraient-
elles alors de ces absurdes fortifications, et de ceux qui
les auraient conseillées : les uns ayant été livrés sans
défense à l'ennemi, et les autres, privés immédiatement
d'eau potable, se voyant, au bout de peu de jours, dé-
vastés et pillés !..... puisque les deux villes tomberaient
l'une après l'autre dans le sac !!!... De plus, les habitants auraient à déplorer la destruction de tous les grands
travaux hydrauliques du port, que l'ennemi prendrait
le soin de culbuter avant de faire une retraite très facile
sous la protection de ces fatales fortifications..... Voilà
donc comment ces absurdes fortifications peuvent ame-
ner de grandes catastrophes, dont les conséquences iné-
vitables seraient la ruine des habitants, l'anéantissement
de la navigation et du commerce du port du Havre durant de bien longues années, qu'il faudrait aussi pour
rétablir tous les travaux hydrauliques détruits, en dé-
pensant encore peut-être au delà de.   .   30,000,000 f.

Les citoyens, outre qu'ils auraient à
pleurer les morts et les blessés, per-

A reporter   30,000,000

Report   30,000,000 f.

draient à la fois leurs navires, leurs marchandises, et leurs propriétés mobilières et immobilières dévastées par le canon et le feu de la guerre, et pressurés encore par les contributions extraordinaires et le pillage ; ces pertes pourraient s'élever beaucoup au delà de . . . . . 70,000,000 f.

Total . .   100,000,000 f.

Comment alors le gouvernement pourrait-il, en temps de guerre, réparer tant de désastres, *cent millions !*..... Vraiment ne faut-il pas être ignorant de tous les dangers que nous avons exposés..... ou ennemi de son pays, ou spéculateur effréné, pour vouloir l'accomplissement d'un tel projet de fortifications !.... Habitants du Havre, réunissons-nous, élevons-nous par patriotisme, en renouvelant nos vœux près du roi et de ses ministres, et près des deux chambres, afin de faire rejeter ce fatal avenir, que nous imposent l'erreur, le mensonge et les cupides spéculateurs de terrains sur l'Eure : car nous pouvons opposer à leur exécrable projet l'utile projet national qui est déjà exposé. (Voyez les chapitres 6, 11, 12, 13 et 14, de mon Mémoire inédit.)

RÉSUMÉ.

Voilà donc en présence, pour le Havre, deux projets d'extension du port, de la ville et des fortifications ; je les ai exposés et caractérisés consciencieusement, ils se heurtent et se repoussent, et ceux qui croient que ces deux projets peuvent s'allier en quelque chose d'utile commettent une monstrueuse erreur. Voilà aussi pourquoi les pouvoirs de l'État ne pouvaient, dès 1839, faire faire utilement au Havre aucuns travaux ni pour le port ni pour les fortifications, avant d'avoir adopté *un projet tel que celui de la pétition de 1839, donnant une seconde entrée de port profonde de plus de 15 pieds d'eau de basse mer, une rade sûre par la construction en mer de deux digues avec forts pour la défense du pays* (1) : car, depuis cette époque de 1839, les patriotes ont le douloureux spectacle de voir démolir des travaux neufs très utiles, pour construire à la place d'autres travaux inutiles ou contraires aux besoins du commerce du port et à la défense du pays.

Ainsi on gaspille beaucoup de millions à des travaux dont voici l'énumération succincte :

1° A faire un batardeau pour démolir des travaux neufs, consistant en murs de quai et une écluse de chasse dans le fond du port, travaux reconnus utiles, que l'on achevait en 1836, et revenant ensemble à environ (2). . . . . 450,000 f.

2° A détruire l'écluse de navigation du canal, ainsi que le canal lui-même, construit d'après le plan du port de 1787, approuvé par le roi et son ministre de Calonne, et conformément à la loi de finances du 28 juin 1829 ; travaux qui ont été jugés consciencieusement très utiles aux besoins du commerce du port (mais ils sont aujourd'hui contraires aux spéculations de terrains

A reporter   450,000

---

(1) Voyez le chapitre 11 de mon Mémoire inédit, ou les pages 9 à 14 du présent écrit.

(2) Voyez les articles 91 et 92, au chapitre 8 de mon Mémoire inédit.

	Report	450,000 f.

dans l'Eure); ces travaux étaient presque achevés en 1838, et revenaient à
environ (1). 1,267,000

3° A faire des bassins contraires aux
besoins du commerce du port, et par
conséquent inutiles (mais ils sont utiles
pour donner une plus-value aux spéculations de terrains); bassins qui ont
été autorisés par la loi sur les ports du
9 août 1839, accordant 6 millions. Ces
travaux rendent indispensables d'autres
travaux pour l'approfondissement et
l'élargissement de l'écluse du canal avec
un bief éclusé. L'ensemble reviendra à
environ (2). 8,000,000

4° A faire des travaux de fortifications
s'accordant avec le projet de 1838 de la
commission révoquée; principalement
des cavaliers dans l'intérieur de la ville,
pour lesquels on a dépensé ou on dé-
pensera environ. 1,100,000

5° A enlever ces mêmes cavaliers et
autres petits travaux des fortifications,
pour réaliser l'extension du port, qu'il
faudra incessamment commencer (3),
ce qui coûtera environ 750,000

A reporter 11,567,000

(1) Voyez les articles 96 à 116, au chapitre 8 de mon Mémoire inédit.

(2) Voyez ma brochure intitulée *Examen...*, 1839, en vente pour 1 fr. au profit des pauvres de la ville du Havre, et les articles 96 à 120, au chapitre 8 de mon Mémoire inédit.

(3) D'après le projet des petitionnaires du Havre de 1839, projet que j'ai développé. Voyez le plan, et les chap. 11, 12, 13 et 14 de mon Mémoire inédit.

Report   **11,567,000 f.**

6° A faire, d'après la loi présentée actuellement aux chambres, un réduit aux lieu et place du bassin présentement en construction, autorisé par la loi des ports du 9 août 1839, dans partie de la retenue de la Floride; bassin où les navires, sans abris, feraient des avaries, et où les marchandises seraient aussi avariées par la mer, sautant par dessus les murs d'enceinte. Outre cela, l'accès de ce bassin ne sera pas toujours libre: car s'il était toujours libre, il ferait perdre beaucoup plus de place dans l'avant-port qu'il n'en donnerait. Enfin ce bassin ne pourra probablement point conserver l'eau, parce que le mur qui le sépare de la mer a été fondé dans les sables. Les dépenses pour reconstruire les mêmes travaux neufs, démolis en 1839 et 1840, et pour enlever le batardeau dans l'avant-port, seront d'environ. **400,000**

7° A faire, d'après la loi actuellement présentée aux chambres, et conformément au projet de 1838, né de la commission révoquée, des fortifications qui seront contraires à la sûreté du pays (Voyez pages 12 à 14); fortifications évaluées à 5,070,000 f., mais qui reviendront au moins au double, parce que les terrains en spéculation ont pris une

A reporter   **11,967,000**

2

Report   11,967,000 f.

valeur sextuple de ce qu'ils vaudraient réellement si on n'espérait pas en cet endroit l'extension du port et de la ville. Ces dépenses seront d'environ (1). .

10,000,000

8° A jeter les vases provenant des curages du port dans la petite rade, où leur viscosité arrête le galet et les sables que les courants de la mer montante y charrient, principalement avec les forts vents N.-N.-O. Le galet ainsi fixé empêche les courants d'enlever ces dépôts de vase, contre lesquels se forment et s'appuient des bancs en galet et en sable; ce qui fait rapidement hausser les fonds. Pourtant les fonds de cette rade sont très précieux à conserver aux navires qui vont y mouiller, soit pour s'abriter par la terre durant les forts vents de N.-E. et E.-S.-E., soit pour attendre l'heure propice de la marée, afin de remonter la Seine ou d'entrer au port. (Voyez pag. 10 et 11.) Il faudra donc incessamment faire de grands frais pour détruire cet envasement, dont se plaignent les gens de mer. Ces dépenses pourront s'élever au double de la somme à laquelle je les apprécie, environ (2).

1,200,000

Total.   23,167,000

---

(1) On a dit que M. l'ingénieur du port du Havre apprécie ces dépenses à quinze millions au moins.

(2) Les vases du port devraient être jetées à environ une demi-lieue du sud-

Ainsi, le total des gaspillages faits ou à faire, y compris ceux qu'autoriserait la loi présentée actuellement aux chambres, et qui ne profiteront qu'aux spéculations de terrains dans l'Eure (gaspillages contre lesquels plus de 1,600 pétitionnaires protestent), serait de. . . . . 23,167,000 f,

9° On provoque encore des dépenses considérables en laissant ou en faisant couper, par des enlèvements de galet, la digue de la mer au Perray, longeant le troisième fossé militaire; il en résultera que l'invasion de la mer se fera bientôt en cet endroit. Si cette catastrophe arrivait, beaucoup de personnes seraient noyées, et plusieurs millions de richesses seraient perdu. Pour rétablir les digues de la mer, les habitants auraient encore à payer, à cause de l'association syndicale, plusieurs centaines de mille francs, sur lesquels M. l'ingénieur obtiendrait 5 pour 100 (1). En outre, les fortifications de la place du

A reporter   23,167,000

ouest du banc d'Anfar, dans le grand canal de l'embouchure de la rivière, où elles ne seraient préjudiciables en quoi que ce soit.

(1) J'ai publié en 1838 une brochure, vendue 1 fr. au profit des pauvres, afin de démontrer les causes de la réduction de la plage, et pour prouver qu'il ne fallait faire aucuns travaux sur le rivage. La mer ne mange pas les digues, ainsi qu'un grand nombre de personnes l'ont avancé, pour servir leurs intérêts particuliers; cette erreur fut admise ensuite par la majorité des quatre conseils communaux du Havre, d'Ingouville, de Sanvic et de Sainte-Adresse. Ils voulaient faire faire en bois une digue longitudinale depuis le

Report   23,167,000 f.

Havre en seraient aussi fortement endommagées. Le Havre, lors du plein de la mer, serait sans communications; l'ensemble des pertes de richesses serait d'environ.   3,833,000

Total des gaspillages voulus jusqu'à ce jour. . . . . · .   27,000,000

10° Outre les gaspillages faits et à faire pour commencer, par les voies indirectes, le projet anti-commercial et anti-national de 1838, né d'une commission révoquée, il faudrait encore gaspiller pour l'achèvement de ce projet environ (1).   50,000,000

Et pendant qu'on fait tant de gaspillages, on laisse le port s'encombrer de vase. Le plus dangereux, c'est que les

A reporter   77,000,000

vis-à-vis de la porte des Pincettes jusqu'au fond de Sainte-Adresse, afin d'établir un chemin longeant cette digue; les dépenses de ces travaux se seraient élevés de 4 à 600 mille francs, avec au moins 15 p. 100 d'entretien annuel.

J'ai protesté contre tous ces travaux, en indiquant ce qui est arrivé en cet endroit, que l'estacade construite par le génie des ponts-et-chaussées en 1836, et revenant à environ 40 mille francs, disparaîtrait si on ne cessait pas de couper la digue par les enlèvements de galet vers le bout sud de cette estacade. J'ai indiqué encore le passage de la mer en cet endroit, vis-à-vis le troisième fossé militaire, si on ne cessait de couper la digue...; aujourd'hui les dangers sont très proches ! !....

J'apprends que M. l'ingénieur vient faire fermer de nouveau le passage donnant accès sur cette digue; et s'il ne vient pas de coups de vent avec de grandes marées, dans un an il n'y aura plus les mêmes dangers, car alors cette digue sera fortifiée par la mer d'environ 1 mètre et demi d'épaisseur, si l'on n'enlève pas une trop grande quantité du galet qui s'arrête à l'amont de l'épi St,-Roch.

(1) Voyez les chapitres 7, 8, 9 et 10, de mon Mémoire inédit.

Report 77,000,000 f.

bassins n'ont que des portes et des radiers prêts à manquer. Ainsi le port court les risques, depuis déjà des années, de ne pouvoir tenir un seul navire à flot. Un événement si menaçant n'aurait pas eu la même gravité si, en 1839 et 1840, on avait eu seulement la prudence de ne point vandaliser le canal Vauban, que l'on achevait en 1838, parce qu'on aurait pu y tenir à flot la moitié des navires que contiennent les bassins ; les navires y opéreraient avantageusement, comme les navires du commerce de Londres opèrent dans de pareils canaux avec talus en terre ; mais à Londres on a de plus de très beaux bassins-docks ; tandis que l'organisation vicieuse des travaux publics empêche d'en établir en France, et particulièrement au Havre (1). Si une des écluses de navigation des bassins venait à manquer, il pourrait en résulter une perte considérable en avaries, tant aux navires qui se trouveraient à sec qu'à leurs marchandises. Les navires seraient obligés de fuir le port durant au moins un an ou dix-huit mois qu'il faudrait pour faire ces réparations ; les pertes de richesses natio-

A reporter 77,000,000

______

(1) Voyez les articles 96 à 120 du chapitre 8, et les articles 194 à 203 du chapitre 14 de mon Mémoire inédit.

Report   77,000,000

nales qui en résulteraient seraient très grandes, surtout si le commerce du port du Havre se réfugiait dans les grands ports étrangers (la sanction du traité avec la Hollande triplerait les pertes du port du Havre, puisque partie de son commerce, une fois qu'il serait détourné, n'y reviendrait point (1). J'apprécierai ces pertes seulement à moitié de ce qu'elles pourraient être, soit.   23,000,000

Total.   100,000,000 f.

11° Ajoutons à ces pertes celles que les fortifications actuellement demandées aux chambres peuvent attirer au Havre, ce que nous avons en prévision apprécié, pag. 11 à 14, à environ. . .   100,000,000

Total général des richesses qui peuvent se trouver perdues sans retour par l'adoption du projet de la commission spéciale de 1838. . . . .   200,000,000 f.

Il n'est pas un ingénieur libre en France, s'il connaissait les meilleurs moyens de défense, et à la fois les besoins de la navigation, du commerce, de l'industrie et de l'agriculture (en qui réside toute l'activité sociale), qui ne blâmerait le projet de la commission spéciale de

(1) Le gouvernement est injuste envers le commerce maritime. Avant de vouloir le faire naviguer au long cours, en concurrence avec la Hollande, il fallait commencer par perfectionner le port du Havre, et ensuite lier ce port avec une ligne de fer, rejoignant celle de Bâle à Strasbourg ; alors le commerce maritime de la France lutterait avantageusement. Voyez combien est grande l'infériorité de la navigation française aux chapitres 3 et 14 de mon Mémoire inédit.

1838. Cependant ce projet est réclamé par les administrations du génie militaire et des travaux publics, ainsi que par son grand conseil. Il paraît même que toutes ces autorités réfusent d'étudier le projet résumé dans la pétition présentée en 1839 par plus de 1,600 habitants du Havre, projet dont les finances s'obtiendraient facilement, et d'autant mieux qu'il pourrait, dans l'avenir, donner en France annuellement plus de 140 millions de richesses. Ainsi ces savants refusent que le port du Havre devienne une source de richesses pour la prospérité nationale!!... (Voyez le chapitre 14 de mon Mémoire inédit.)

Oui, tous les honnêtes gens sont indignés de voir tant d'insouciance et d'ignorance, tant d'oublis et de fautes dans l'accomplissement des devoirs publics ; ils déplorent de voir ainsi faciliter les intrigues en faveur de spéculations de terrains, et ruiner le pays en gaspillant les deniers de l'état!...

Oui, ces fautes naissent principalement des faux systèmes sur les ports et sur l'organisation des travaux publics, dont les vices nous oppriment partout plus ou moins, sur la navigation, le commerce, l'industrie, l'agriculture; faux systèmes avec lesquels on laisse la France sans chemins de fer et sans ports de commerce convenablement organisés, etc., etc. (1).

Oui, les mauvais projets de travaux obtiennent souvent la préférence sur les bons projets ; principalement à cause du faux mode de finances qui provoque des intrigues par toute la France pour obtenir de dépenser les deniers de l'état; mode de finances d'autant plus faux qu'il rend inerte le capital des richesses employé : il en

(1) Voyez les chapitres 3, 4, 5 et 14, de mon Mémoire inédit.

résulte une dépression dans les richesses, et cela est en.
core une des causes qui font croître le taux de l'intérêt-
Cet état de choses empêche aussi le développement de
beaucoup d'autres travaux utiles qui produiraient plus de
richesses qu'ils n'en absorberaient, et qui accroîtraient
la prospérité publique, le travail et les ressources de
l'état, but voulu par tous bons systèmes d'économie politique (1).

Oui, le faux système de l'organisation des travaux
publics est la cause principale qui fait que la nation s'o-
bère tout en nous arriérant des gouvernements constitu-
tutionnels qui ont, eux, des ingénieurs libres sans être
à la charge de l'état. Ainsi ils sont dans la nécessité de
toujours s'identifier aux populations pour bien connaître
et les besoins et les ressources des localités ; de sorte
qu'ils rectifient leurs projets jusqu'à ce qu'ils puissent
donner plus de richesses qu'il n'en faut pour les exécuter. Et chez ces nations, en Angleterre, en Hollande,
aux États-Unis, qui n'ont que des ingénieurs libres, sans
être plus savants, ils valent dix fois mieux que nos ingénieurs, organisés et enrégimentés en administration,
pour faire progresser leur navigation, leur commerce,
leur industrie, leur agriculture, sans obérer l'état, parce
qu'ils y emploient aussi un mode de finances qui con-
vertit les travaux en capitaux. De cette manière, on aug-
mente aussi le capital des richesses actives de la nation.
Cet état de choses, qui accroît les richesses, fait abaisser
le taux de l'intérêt, et favorise tous les travaux en soute-
nant aussi le prix du salaire ; cela accroît à la fois la prospérité publique en donnant plus de travaux et plus de
ressources à l'état. Par conséquent, on peut déjà con-
clure sur cet aperçu que l'administration des travaux

____

(1) Voyez le chap. 5 de mon Mémoire inédit (et surtout les art. 70 à 74).

publics, dans notre gouvernement constitutionnel, est aux prises avec toutes les intrigues qui veulent obtenir des travaux pour favoriser des intérêts particuliers, et qu'un grand nombre de travaux se font à la hauteur des connaissances des intrigues, ce qui empêche généralement que nos ingénieurs donnent essor à leur génie pour faire progresser la prospérité publique. (Voyez le chapitre 5 de mon Mémoire inédit.)

Les faits que je viens de signaler ont assez de gravité pour mériter la plus religieuse attention du gouvernement et des chambres ; il est surtout très urgent que l'on prenne en considération les réclamations de plus de 3,100 pétitionnaires de 1838 et de 1839, et que justice soit enfin rendue. C'est pour y parvenir, c'est dans le seul but d'être utile à mon pays que je me suis décidé à publier ce mémoire. Puisse-t-il dissiper les ténèbres qui dérobent la vérité aux yeux des hommes d'état qui sont aujourd'hui les arbitres de nos destinées !

Victor DÉGENÉTAIS,

Ex-Cultivateur, ex-Négociant.

Havre, le 1ᵉʳ mars 1841.

LE HAVRE ET CHERBOURG

COMPARÉS

DANS LEUR UTILITÉ NATIONALE.

Actuellement que j'ai sous les yeux *tout l'ensemble du projet de loi sur les travaux extraordinaires de* 1841 , je crois indispensable de faire de nouvelles observations qui sont de la plus haute importance , et qui , en outre , corroboreront la première partie de ce mémoire.

Le gouvernement demande pour Cherbourg une somme de 52,345,000 f.

« 18,000,000 pour l'achèvement de la digue ,

» 26,000,000 pour constructions des établissements du nouvel arsenal ,

____

» 44,000,000 demandés par la marine militaire ;

»   345,000 pour un arsenal de la guerre ,

»   8,000,000 pour extension de l'enceinte actuelle ,

____

» 52,345,000 francs.

Il est dit au folio 65 du projet de loi :

« La nécessité de créer en face de l'Angleterre un port
» militaire , sur une immense étendue de côtes qui en
» est dépourvue, est tellement sentie aujourd'hui, qu'on
» ne saurait en quelque sorte reculer devant les sacri-
» fices déjà faits, et ceux qui restent à faire pour orga-
» niser *un de nos principaux établissements de marine*
» *militaire et marchande,* en même temps qu'on procu-
» rerait à nos escadres naviguant dans la Manche le

» seul refuge qui leur soit ouvert dans ces !parages. »

Le gouvernement demande pour le Havre (1) une somme de 5,070,000 fr.

Il est dit au folio 65 du projet de loi :

« Nouvelle enceinte de sûreté à construire avec réduit » intérieur.

» *Port militaire et marchand.* En même temps qu'il » sert de chantier de construction pour les frégates, le » Havre est le point fortifié qui protége spécialement l'em- » bouchure de la Seine. Il est indispensable de con- » server, sous l'appui des fortifications, les nouveaux » bassins à créer dans cet avant-port de Paris, ainsi que » les richesses commerciales qui ne peuvent plus être » contenues dans les limites actuelles : il serait à désirer, » sous ces divers points de vue, que le Havre, agrandi » comme ses besoins l'exigent, fût enveloppé d'une en- » ceinte de sûreté que l'on corroborerait au moyen d'un » réduit propre à interdire aux bâtiments ennemis l'en- » trée des bassins, même après la prise de la ville. »

Pour avoir une opinion plus juste à l'égard du Havre, revoyez ce que j'ai dit dans la première partie de ce Mémoire; vous reconnaîtrez facilement que l'organisation vicieuse des travaux publics, a fait imaginer aux administrations des travaux publics et du génie militaire de créer des établissements au port du Havre à la hauteur du point de vue des faux systèmes sur les ports et sur l'organisation du commerce maritime, en alléguant en- core des faits erronés concordant avec le besoin des]spé- culations de terrains à l'est de la ville. Afin de faire

(1) Est-ce par erreur que des personnes ayant mission de défendre les inté- rêts du pays ont avancé que l'allocation de 5,070,000 f. n'avait pas de desti- nation, et que cette somme serait employée aux travaux qui seraient plus tard jugés être le plus utiles ?...

mieux ressortir les dangers de tous ces faux systèmes (1) que le gouvernement suit, je comparerai l'utilité des ports du Havre et de Cherbourg, que l'on classe, l'un comme l'autre, dans la catégorie des *ports militaires et marchands.*

1° Le port du Havre est le seul dans la Manche qui puisse faire le commerce maritime en concurrence avec les grands ports étrangers de Londres, de Liverpool, d'Anvers, de Rotterdam, d'Amsterdam, d'Hambourg, de New-York, de Philadelphie et autres ports des États-Unis; tandis que dans nos autres ports de la Manche, et surtout à Cherbourg, le commerce maritime n'a pu se développer et n'y croîtra jamais, bien que les bassins actuels pour le commerce soient très spacieux; et encore les bassins militaires sont toujours mis à la disposition du commerce pour recevoir les navires du plus

(1) J'ai défini ces faux systèmes aux chapitres 3, 4 et 5, de mon Mémoire inédit. Messieurs les ingénieurs peuvent avoir de la spécialité pour l'exécution des travaux s'ils ont de la pratique ; mais, pour juger de l'organisation nécessaire à la navigation, au commerce et à l'industrie, les ingénieurs sont généralement au dessous de ceux qui sont appelés par leurs connaissances à pratiquer cette organisation. Ainsi, pour la question d'extension du port, de la ville et des fortifications du Havre, l'opinion de MM. les ingénieurs doit être prise pour ce qu'elle vaut. (Voyez chapitre 5.)

Il faudrait rejeter *tout le projet de loi sur les travaux extraordinaires* 1841, si l'ensemble est aussi mauvais et aussi mal étudié que les travaux pour le Havre l'ont été, soit par l'administration des travaux publics pour la loi du 9 août 1839 (voyez le chapitre 8 de mon Mémoire), soit par l'administration du génie militaire pour les travaux de fortifications continues, suivant le projet de 1838. Serait-ce pour sauver sa responsabilité que l'administration des travaux publics a fait, dans le temps, le déplacement de l'ingénieur supérieur du Havre?... Peut-être en est-il de même de l'administration du génie militaire, laquelle n'a probablement point pris la peine de consulter les chefs de l'administration locale, qui, bien certainement, opineraient contre les travaux demandés aux chambres. Mais serait-ce aussi pour sauver sa responsabilité que l'administration du génie militaire a changé, il y a quelques mois, l'officier supérieur du Havre ?

grand tonnage. J'ai exposé les principales causes qui empêchent le commerce maritime de se fixer à Cherbourg. (Voy. les chap. 3 et 6 de mon Mémoire inédit.)

2º Si le port du Havre obtenait les améliorations nécessaires pour faire avantageusement le commerce maritime en concurrence avec les grands marchés maritimes étrangers, si bien organisés, et cela suivant le projet que j'ai développé dans les chap. 11, 12, 13 et 14, de mon Mémoire inédit, accompagné d'un plan dressé sur la carte marine de M. Beautemps-Beaupré, alors le Havre offrirait de très grands avantages à la navigation française, à l'industrie, au commerce et à la consommation, parce que ce port donnerait, sur les marchandises importées ainsi que sur l'exportation des divers produits industriels et agricoles, des réductions de prix d'environ 25 à 40 p. 100 sur le taux du fret, des frais et des faux frais, et encore sur les intérêts des capitaux engagés dans le commerce maritime (1). Les améliorations que l'on peut obtenir au port du Havre seraient beaucoup plus considérables avec la réalisation d'un chemin de fer reliant ce grand marché maritime avec Rouen, Paris, et le chemin de fer de Bâle à Strasbourg (touchant au Rhin et à peu de distance du Danube). En effet, la France obtiendrait alors le commerce de transit de la majeure partie du centre de l'Allemagne, en raison de la célérité des transports et des moindres frais et intérêts des capitaux engagés. Outre cela, le port du Havre n'a pas les obstacles de ses concurrents faisant aussi ce commerce de transit : car il faut qu'ils arrivent, eux, dans la mer du Nord, dont la navigation est, durant environ quatre mois d'hiver, fort dange-

(1) Voyez les chapitres 3 et 14 de mon Mémoire inédit.

reuse, très lente à cause des relâches, et parfois fort coûteuse en raison des avaries aux navires et aux marchandises ; et encore plusieurs de ces ports concurrents sont, comme leurs rivières, fermés long-temps par les glaces. Enfin, si le projet en question était réalisé, on obtiendrait sur l'importance du commerce qui se fait actuellement au Havre environ 14,165,000 francs de primes annuelles en faveur de la navigation, du commerce, de l'industrie et de la consommation ; en outre, environ 6,220,000 fr. d'accroissement de navigation, qui viendraient principalement dans les mains des classes ouvrières de la marine ; et tout cela sans compter encore les accroissements de richesses venant des exportations plus considérables de nos produits industriels et agricoles. Mais tous ces profits deviendraient infiniment plus importants avec l'exécution du chemin de fer reliant le port du Havre avec nos frontières bordant le centre de l'Allemagne. Quelques années après la réalisation de ces établissements, on verrait le commerce maritime acquérir une importance triple de celle qu'il a présentement. Conséquemment les primes rejaillissant sur la navigation, le commerce, l'industrie et la consommation, seraient annuellement de plus de 42 millions de francs. Cela ferait croître le commerce de transit, et nos importations de matières premières et de denrées coloniales, ainsi que nos exportations de produits agricoles et industriels, et à la fois notre navigation ; d'où résulterait un produit de plus de 140 millions de richesses nationales, et ceci sans porter aucun préjudice aux autres ports français (1). Le port de Cherbourg, au contraire, s'il procure des profits commerciaux à la France,

____

(1) Voyez le chapitre 14 de mon Mémoire inédit.

produira à peine demi pour cent l'an des richesses qu'il a absorbées et qu'il absorbera ; richesses qui seraient perdues sans retour si l'on considérait pour rien sa position avancée sur l'Angleterre, et si avantageuse pour évoluer une escadre.

3° Sous le point de vue de guerre avec l'Angleterre, le Havre serait encore le port le plus utile à la France, dans le sens que l'importance de son commerce maritime serait aussi la cause que la France y trouverait un plus grand nombre de marins bien expérimentés, que cette marine fait classer dès l'âge de 12, 13, 14, 15, 16, 17, 18, 19 ans, et plus tard. Tous ces jeunes marins, qui sont sans autre état, restent en quelque sorte forcément militaires, et sont toujours à la disposition du gouvernement jusqu'à l'âge de 50 ans, et sans être à sa charge (1).

Quant au port de Cherbourg, il est dans l'impossibilité, avec sa position topographique, de contribuer au développement du commerce maritime (2); il ne formera, comme les autres ports militaires, que des marins provenant généralement des contingents de la conscription, lesquels n'acquièrent les capacités du marin qu'après quatre à cinq ans de service; et encore il s'en trouve presque la moitié d'une incapacité plus ou moins grande, et presque tous ces conscrits marins rentrent dans leurs famille après leur temps fini de sept ou huit années. De plus, tout le monde reconnaît que, pour le cas de guerre,

(1) Le gouvernement, avec plus d'équité envers ses vieux soldats marins, devrait bien accorder des pensions de retraite au delà de 96 fr. par an pour le simple matelot, alors qu'il se trouve incapable de travailler, et d'ailleurs sans état. Certes, c'est trop peu pour vivre : ainsi, vous les laissez mourir de faim... Avec plus de justice envers nos marins, on verrait diminuer des trois quarts les déserteurs à l'étranger, dont on compte aujourd'hui plus de dix mille, et qui seraient nos meilleurs soldats pour le cas de guerre maritime.

(2) Cela est établi dans les chapitres 3 et 6 de mon Mémoire inédit.

il vaudrait mieux avoir de très bons marins que de très bons et très beaux ports militaires avec des marins incapables et non exercés.

4° L'organisation du port du Havre, suivant le projet que j'ai développé, obtiendrait une seconde entrée, profonde de plus de 15 pieds d'eau de basse mer, avantage qui viendrait se joindre au phénomène qui retient le plein de la marée devant ce port durant près de deux heures. Ainsi cet état de choses permettrait, pendant plus de deux heures et demie à trois heures de chaque marée de douze heures, l'entrée ou la sortie des bassins et de l'avant-port aux escadres les plus considérables ayant les plus grands vaisseaux de ligne (voyez le plan). Ces avantages n'existent pas dans tous les autres ports militaires sur l'Océan, et surtout à Cherbourg, où la mer commence à perdre un quart d'heure après qu'elle a fini de monter, et ne donne guère de temps pour les mouvements des navires, soit pour entrer, soit pour sortir des bassins.

5° Dans le cas de guerre avec l'Angleterre, les approvisionnements de toute nature seraient toujours faciles à faire au port du Havre. Quand même l'ennemi opposerait les escadres les plus nombreuses et les plus fortes, il ne pourrait jamais bloquer ce port, puisque les digues en mer avec forts dessus (en abritant parfaitement les navires de tous mauvais vents) forceraient l'ennemi à se tenir à grande distance, en raison de ce que les forts défendraient parfaitement une partie des eaux profondes de la grande rade, toute la petite rade, les deux entrées de port, les deux villes, les plages accessibles, toutes les eaux profondes de la Basse-Seine, et conséquemment toute la contrée (ainsi que le port d'Honfleur). Il n'en serait pas de même des autres ports militaires, et surtout de Cherbourg : l'ennemi pourrait en intercepter les approvisionnements de toute nature; et s'il le faisait, que deviendraient alors les constructions neuves, les réparations des navires? et quel prix coûteraient par terre les approvisionnements de guerre, tels que canons, boulets, ferrements, bois, vins, etc., etc.?

6° En temps de guerre avec l'Angleterre, on pourrait toujours, au port du Havre, faire construire ou faire réparer toute espèce de bâtiments de guerre, à voile ou à vapeur, dans les établissements du commerce, soit sur les cales, soit dans les formes sèches, sur les rail-ways ou chemins marins, sur le gril, au bassin de carénage; on aurait aussi de grandes forges, des corderies mécaniques; les bassins-docks deviendraient des arsenaux excellents pour tous les approvisionnements de guerre de toutes sortes, et serviraient à la fois pour faire des voileries et les gréements de navires; les étages supérieurs feraient de très bonnes casernes pour le personnel de la marine militaire. De plus, le chemin de fer mettrait le gouvernement et des troupes de Paris à cinq heures de distance de ce port. Et tous ces avantages immenses pour la marine militaire s'obtiendraient avec très peu de frais en loyers, etc. Certes, il n'en serait pas de même des autres ports, et surtout de Cherbourg, où l'on veut dès actuellement faire dépenser plus de 52 millions de richesses, qui seront perdus sans retour, en ce sens que le commerce maritime ne s'y développera jamais.

Par les principaux motifs exposés, nous avons reconnu combien l'utilité nationale du port du Havre est plus considérable que celle du port de Cherbourg; combien le gouvernement se trompe dans la classification de ces deux ports; combien le gouvernement erre dans sa marche à l'égard des travaux demandés pour ces deux ports ; combien il est important pour la France de doter promptement le port du Havre du projet que j'ai développé, puisqu'il serait le plus favorable à la prospérité de la nation pendant la paix ; et encore pendant la guerre maritime avec l'Angleterre, en raison de ce que le port du Havre, étant plus avancé dans la Manche, pourrait aussi, pour la défense du pays, recevoir les escadres les plus considérables qui viendraient s'y ravitailler ou s'y réparer, et que l'on pourrait encore y créer les escadres les plus complètes en bâtiments à voiles et à vapeur. Mais, aussitôt la paix faite avec l'Angleterre, la marine militaire devrait se retirer pour faciliter toujours le développement de la navigation commerciale; et toutes ces choses de la plus haute importance se feraient avec peu de dépenses, consistant principalement en loyers peu considérables durant la guerre.

Pour Dieu, que la chambre des pairs et la chambre des députés, ainsi que les ministres du roi, veuillent bien songer qu'il faut absolument réaliser l'établissement d'un grand marché maritime au Havre, avec le chemin de fer en question, sous peine de voir dans l'avenir la France s'arriérer sur les autres nations, et subir dans ses richesses une diminution de 60 à 80 millions chaque année, par l'amoindrissement de son commerce de transit, et à la fois par la réduction de notre navigation, d'où résulteraient de moins nombreuses occasions d'exporter dans divers pays nos produits industriels et agricoles, toujours surhaussés relativement à leurs similaires venant de l'étranger, qui a su perfectionner l'organisation de sa navigation, de son industrie, de son commerce et de son agriculture (1). Outre cela,

______

(1) Voyez les art. 45 à 50 du troisième chapitre de mon Mémoire inédit.

on verrait aussi sans travail un grand nombre de bras...
et les ressources de l'état décroître... La France serait
alors dans des crises terribles... Tandis qu'avec la réalisation de ce grand marché maritime au Havre, on pourra
obtenir dans l'avenir, ainsi que nous venons de l'expo-
ser, plus de 140 millions de richesses nationales par
chaque année ; ce qui servirait à développer les travaux
et les richesses, en abaissant le taux de l'intérêt et en
élevant les ressources de l'état. Ainsi les pouvoirs de
l'état se feraient vénérer en procurant le bien-être du
plus grand nombre, et en plaçant la nation dans une
meilleure position de finance s'il fallait faire la guerre.

Que le gouvernement se hâte donc de demander aux
chambres les moyens de faire les fortifications énergiquement demandées par les habitants du Havre, et qui
consistent *en deux digues en mer sur les écueils à fleur
d'eau de basse mer appelés les Hauts de la rade et le Banc
de l'Éclat, avec deux ou trois forts pour la défense du pays,
et de la marine*, qui serait encore protégée contre les
mauvais vents (voyez pag. 10 et 11). Quant au reste des
travaux du projet, on trouvera dans la valeur des terrains militaires que ce projet rendrait disponibles des
ressources pour réaliser les travaux nécessaires aux besoins du commerce ; ce que l'on ne pourrait pas obtenir
par voie de concessions temporaires (1). Avec cette meilleure organisation du commerce maritime, on réaliserait
aussi très facilement le chemin de fer reliant le port du
Havre avec Rouen, Paris, et rejoignant ensuite le chemin de fer de Bâle à Strasbourg, longeant le centre de
l'Allemagne ; parce que chacun se convaincrait facilement qu'il ne peut y avoir en France de chemin de fer

---

(1) Voyez le plan et le chapitre 13 de mon Mémoire inédit.

plus profitable aux actionnaires , à cause de son utilité pour le commerce de transit avec le centre de l'Allemagne, dont les peuples trouveraient aussi dans leurs voyages d'outre-mer plus de célérité et généralement plus d'économie que par toutes les autres voies offertes par les divers grands marchés maritimes étrangers. Outre cela, ce chemin serait on ne peut plus profitable à l'expédition des produits de l'ouest et à ceux du midi venant par Bordeaux au Havre et à Rouen ; ils remonteraient de suite et en tous temps , avec de moindres frais, dans le nord et l'est de la France , ou arriveraient sur les frontières du centre de l'Allemagne. Quand ce projet sera bien élaboré et publié , on verra toutes les opinions, dans l'est comme dans l'ouest et le midi de la France, se rallier en sa faveur ; alors on trouverait promptement plus d'actionnaires qu'il n'en faudrait, quand même l'état ne s'y intéresserait point (1).

Conséquemment, le gouvernement devrait arrêter tout court les travaux votés par la loi du 9 août 1839 ; ainsi on rendrait disponibles environ. . . .   4,000,000 f.

Outre cela, il faudrait changer la destination de l'allocation présentement demandée aux chambres pour fortifications, s'élevant à.   5,070,000

De sorte que, pour réaliser tout le projet d'un grand port européen et d'un chemin de fer reliant le Havre à Stras-

A reporter   9,070,000

(1) Ce sont les faux systèmes de l'administration des travaux publics qui l'empêchent de reconnaître que cette ligne de fer serait la plus utile à la France. Si l'on compare, on reconnaitra que ce chemin a quatre ou cinq fois plus d'utilité que les autres grandes lignes auxquelles le gouvernement donne aujourd'hui la préférence.

Report   9,070,000 f.

bourg, etc., il ne faudrait, pour mettre
le tout en bonne voie d'exécution, qu'une
nouvelle allocation d'environ (1). . .   7,930,000

Total des dépenses pour obtenir les
deux digues et deux ou trois forts en mer
pour la protection du pays et de la marine.   17,000,000 f.
Dépenses indispensables, comme tête du projet le plus
riche d'avenir.

N'avons-nous pas fait ressortir ici assez de considéra-
tions importantes pour démontrer la nécessité de faire
au port du Havre des travaux nationaux?... Se trouvera-
t-il toujours des personnes qui se refuseront à reconnaître que l'utilité nationale du port du Havre est, comme
nous l'avons établi, immensément plus grande que celle
du port de Cherbourg, pour lequel on veut accorder la
somme énorme de 52 millions?... Les pouvoirs de l'état
peuvent-ils sans injustice, dans une loi qui règle l'em-
ploi d'environ 732,223,000 francs, refuser au port du
Havre, pour des travaux si éminemment utiles, suivant
le projet que j'ai développé (2), l'allocation nouvelle de
7,930,000 francs, qui, avec les 9,070,000 francs déjà
destinés à faire au Havre rien que des travaux démon-
trés anti-commerciaux et anti-nationaux (3), formeraient
17 millions, somme qui paraît indispensable pour mettre la France en voie de réaliser tous les travaux hydrauliques avec les fortifications nécessaires au port du Havre durant la paix comme durant la guerre ; travaux qui

(1) Pourtant, si le gouvernement persistait à vouloir une petite fortification
continue enclavant les deux villes et le port, il faudrait encore environ 6 à 7
millions tant pour l'expropriation des terrains que pour l'exécution des travaux.

(2) Voyez les chapitres 11, 12, 13 et 14, de mon Mémoire inédit.

(3) Voyez les chapitres 3, 7, 8 et 10.

sont la tête du projet qui réaliserait aussi, par voie de concessions temporaires, l'exécution du chemin de fer du Havre allant vivifier celui de Bâle à Strasbourg.

De cette manière l'état, tout en économisant plus de 40 millions de ses finances tant au Havre qu'à Cherbourg, obtiendrait incomparablement plus d'avantages pour l'ensemble de la défense de la nation, pour le développement de la marine militaire, et pour la prospérité de tous les grands intérêts nationaux de navigation, d'industrie, de commerce et d'agriculture. Peut-être faut-il considérer que cette nécessité d'économiser existe dans les hautes raisons politiques très bien posées par M. le ministre des finances ; il dit dans son exposé, au folio 7 :

« Quand on fait appel au crédit, il faut éviter de lui
» demander plus que ne comportent les facultés des ca-
» pitalistes.

» Les emprunts ont leurs limites, et conséquemment
» la dépense des travaux publics a les siennes. »

Prenez garde d'absorber trop de richesses actives dans des travaux de défense du pays, qui ruineront encore par des charges d'entretien. Par exemple, si un milliard de richesses actives était employé à des travaux improductifs, il en résulterait un déficit d'autant sur l'ensemble des transactions de chaque jour en richesses immobilières et mobilières ; et ce déficit réduirait encore de beaucoup le crédit dans les transactions en élevant le taux de l'intérêt. Cet état de choses pourrait durer de longues années s'il n'y avait pas accroissement de richesses par la balance du commerce, par le numéraire que laisse la présence des étrangers en France, et par les travaux bien entendus pour le développement de la production de l'agriculture, de la navigation et de l'industrie. Si aucune richesse ne se développait, le milliard de déficit pourrait abaisser l'ensemble des richesses immobilières et mobilières d'environ 15 milliards en amoindrissant tout à la fois les sources productives du budget de l'état. Et si, après l'anéantissement d'un milliard de richesses actives, une grande guerre éclatait, la dépréciation des richesses serait alors doublée, et les ressources de l'état subiraient aussi une réduction double. Alors les intérêts deviendraient excessivement élevés, et partout les travaux seraient réduits !... Je développerai ces questions dans le 2e et le 15e chap. (Voyez, quant à présent, les articles 69 à 74 du 5e chapitre de mon Mémoire inédit.)

Remarquez surtout que les accroissements de richesses que l'on obtiendrait dans l'avenir avec le port si commercial du Havre, et que je ne porterai qu'à 100 millions chaque année, au lieu de 140 millions auxquels on peut les évaluer, seraient une source importante de richesses qui pourrait doter annuellement le pays d'un grand budget de travaux extraordinaires ; et alors Cherbourg, à cause de sa position avancée en face de l'Angleterre, recevrait, comme d'autres places, une meilleure organisation militaire sans dangers pour les finances de l'état, et à la fois sans dangers pour le crédit nécessaire au développement des travaux produisant la prospérité de l'agriculture, de l'industrie, de la navigation et du commerce, où se trouve toute l'activité sociale, toute la force de la nation, dont les places de guerre ne sont qu'un petit accessoire.

Paris, ce 9 mai 1841.

Victor DÉGENÉTAIS.

Imprimerie de GUIRAUDET et JOUAUST, rue Saint-Honoré, 315.

ERRATA.

Page 6, ligne 3, *au lieu de* : cette enquête; *lisez* : ce projet.
Page 7, ligne 13, *au lieu de* : donnait; *lisez* : donnerait.